NOTICE

SUR

F.-F. LEMOT.

LYON, IMPRIMERIE DE J. M. BARRET. 1827.

NOTICE

SUR

F.-F. LEMOT. *

L'HABILE statuaire François-Frédéric Lemot, dont les beaux-arts ont eu récemment à déplorer la perte, était né à Lyon, dans la rue Noire, le 4 novembre 1771, de Jacques – Frédéric Lemot, maître menuisier, et d'Elisabeth Melon ; baptisé le 5 dans l'église paroissiale de St-Nizier, il eut pour parrain François de Los-Rios, libraire (1), et pour marraine demoiselle Claudine Idt.

---

* Nous sommes redevable d'une grande partie des matériaux de cette notice à l'obligeance de M. Quatremère de Quincy, membre de l'institut royal de France, secrétaire perpétuel de l'académie des beaux-arts ; à l'ouvrage intitulé : *Mémoires historiques , relatifs à la fonte et à l'élévation de la statue équestre de Henri IV*, par M. Lafolie, conservateur des monumens publics de Paris ; aux notices publiées par M. Artaud, directeur du musée de St-Pierre, sur *l'ancienne statue équestre de Louis XIV*, à Lyon, et sur la *nouvelle ;* enfin nous n'avons pas craint de nous aider parfois de la *Biographie des contemporains*, par MM. Arnault, Jay, Jouy, Norvins, etc. en la rectifiant cependant sur quelques points.

(1) Le libraire François de Los-Rios, né à Anvers en 1728, était venu s'établir à Lyon en 1766. C'était un

Lemot était à peine âgé de 12 ans, quand son père, ayant quitté Lyon pour aller demeurer à Paris, l'amena dans la capitale, et parvint à le faire recevoir à l'école gratuite de dessin qui y était établie, rue des Cordeliers, sous l'inspection de M. Malhortie (1).

Doué des plus heureuses dispositions, mais fort incertain, en entrant dans la carrière des arts, sur le genre qu'il lui convenait de suivre, une circonstance assez singulière vint bientôt décider le goût de Lemot, et lui faire embrasser la sculpture. On raconte qu'un jour, étant allé visiter le beau parc de Sceaux, MM. Julien et Dejoux, qui s'y promenaient avec plusieurs autres artistes distingués, le trouvèrent dans le bosquet de la

homme d'un esprit fort original ; il est auteur de quelques productions facétieuses et de plusieurs ouvrages de bibliographie. Ayant quitté Lyon peu d'années après le siége, il se retira à Malines, où il est mort le 24 novembre 1820, dans un état assez près de l'indigence. On peut voir, au sujet de feu de Los-Rios, les *Archives historiques, statistiques et littéraires du département du Rhône*, tom. IV, pag. 69-71.

(1) Cette école gratuite de dessin avait été établie à Paris en 1767. Le roi en était le protecteur ; elle était ouverte à 1500 élèves, à qui l'on enseignait les principes élémentaires de la géométrie-pratique, de l'architecture, de la coupe des pierres, de la perspective et des différentes parties du dessin, comme la figure, les animaux, la fleur et l'ornement ; c'était enfin, comme on le voit, une école en faveur des *arts et métiers*. M. Malhortie, qui avait l'inspection des études, était assisté de trois professeurs et d'un pareil nombre d'adjoints : l'école existe encore aujourd'hui, rue de l'*Ecole de Médecine*, n.º 5, sous la direction de M. Perrin, peintre du roi, membre de l'ancienne académie de peinture et de sculpture.

fontaine d'*Eole* et de *Scylla*, dessinant le fameux *Hercule gaulois* (1) du célèbre Pierre Puget. Après différentes questions que lui firent ces Messieurs, et auxquelles il répondit avec autant de naïveté que de justesse, MM. Julien et Dejoux délibérèrent un instant pour savoir lequel des deux se chargerait de l'intéressant enfant. M. Dejoux lui proposa alors d'entrer à son école, et le petit garçon accepta bien vite, en protestant de sa reconnaissance avec infiniment de naturel.

Les progrès de Lemot furent d'une rapidité dont on a peu d'exemples. Il y avait à peine quatre ans qu'il travaillait sous la direction de M. Dejoux, lorsqu'en 1790, il osa concourir pour le grand prix de sculpture. Le sujet proposé par l'académie était le *Jugement de Salomon* ; le bas-relief présenté par Lemot, âgé seulement de 19 ans, réunit la pluralité des suffrages, et la couronne lui fut décernée. Un semblable succès, obtenu dans un âge aussi tendre, ne pouvait manquer de faire sensation, et il en produisit en effet une très-grande. Toutes les conversations, à Paris comme à la cour, s'en occupèrent. La reine de France, Marie-Antoinette, voulut voir le jeune lauréat ; il eut l'insigne honneur

____

(1) Cet Hercule, de 7 à 8 pieds de proportion, était représenté à demi-couché, se reposant sur sa massue, et s'appuyant sur un bouclier, au centre duquel l'artiste avait placé trois branches de lis, par allusion aux armes dé France ; il tenait dans sa main gauche trois espèces de pommes avec lesquelles Hercule endormit le chien Cerbère. Cette belle figure, où la souplesse de la peau était exprimée d'une manière admirable, avait été pendant long-temps dans l'avant-cour du château de Sceaux ; elle fut ensuite placée à l'extrémité de la grande allée du bosquet d'*Eole* et de *Scylla*, et lui servait de perspective.

de lui être présenté, ainsi qu'au dauphin, et la même année il partit pour Rome en qualité de pensionnaire du roi.

Tout le monde connaît Salomon, et la sagesse de l'arrêt qu'il rendit à l'égard d'un enfant réclamé par deux femmes. La peinture s'est plusieurs fois emparée de ce terrible et pathétique sujet ; mais le célèbre Poussin est le seul qui l'ait su traiter. Le tableau de ce grand peintre fait partie de la collection du *Louvre* ; quoiqu'il ait été souvent gravé, il est encore beaucoup de personnes auxquelles il est entièrement inconnu. Dans ce tableau, Salomon, assis sur son trône, fait face au spectateur. A sa droite est un de ses soldats auquel il ordonne de partager en deux le corps de l'enfant réclamé ; les deux femmes ont un genou en terre et occupent le premier plan du tableau. La bonne mère est auprès du soldat, qui tient l'enfant par la jambe droite, et va le partager avec son glaive ; elle élève les bras, et semble crier à Salomon de suspendre son arrêt. La mauvaise mère, au contraire, étend le bras droit vers le soldat, et paraît le presser d'exécuter l'ordre du roi. Quelques autres Israélites, hommes et femmes, sont groupés sur les côtés du tableau ; et des seize figures qui le composent, il n'en est pas une qui n'ait l'expression convenable à la scène déchirante qui y est représentée.

Dans le bas-relief de Lemot, Salomon, les deux femmes et le soldat sont sur le premier plan. Le temple ou le palais est coupé dans sa longueur, et Salomon, assis sur son trône, est vu par côté. La mauvaise mère lui présente l'enfant, et semble souscrire avec empressement à l'arrêt prononcé, tandis que la bonne mère paraît muette et plongée dans la plus vive douleur. Plusieurs Israélites sont groupés autour du trône de

Salomon ; dans le fond du bas-relief règne une galerie élevée , dont les entrecolonnemens sont occupés par d'autres Juifs, spectateurs. L'ouvrage de Lemot présente environ trente-six figures , dont le dessin un peu lourd , les têtes peu expressives , révèlent assez l'âge où l'auteur exécuta ce morceau , qui , d'ailleurs , fit concevoir des espérances brillamment réalisées dans la suite.

Depuis près de trois ans Lemot poursuivait paisiblement à Rome le cours de ses études , quand le trône du malheureux Louis XVI , renversé dans l'affreuse journée du 10 août 1792 , fit place à la république. L'histoire a dit assez de quel œil furent vus dans les cours étrangères , et par toutes les nations de l'Europe , les épouvantables changemens opérés alors dans les institutions de notre pays. Le pape Pie VI et les peuples de ses états ne s'y montrèrent pas plus favorables ; aussi l'ambassadeur de la république française (1) fut-il à peine arrivé dans la capitale du monde chrétien , qu'il ne tarda pas à voir le mépris et la haine qu'on y portait au caractère dont il était revêtu. Insulté par la populace de Rome presque chaque fois qu'il sortait de son hôtel , il fut , le 13 janvier 1793 , poursuivi à coups de pierres jusqu'à l'entrée de la maison du banquier *Monette*, et bientôt un perruquier l'y frappa d'un coup de rasoir dans le bas-ventre , dont il mourut trente-quatre heures après. Non contente de cet excès , la populace se porte sur-le-champ à l'académie de France et y met le

---

(1) Hugon de Basseville , littérateur et journaliste , ancien collaborateur de Mallet-Dupan , puis de Carra. Basseville est auteur d'un précis historique sur la vie du genevois Lefort , principal ministre de Pierre-le-Grand , empereur de Russie ; il a composé encore quelques autres ouvrages , et il était membre de plusieurs académies.

feu ; elle maltraite horriblement tous ceux des élèves qu'elle rencontre , et ces jeunes gens , au nombre desquels était Lemot , sont obligés , pour mettre leur vie en sûreté , de se réfugier d'abord à Naples et ensuite à Florence.

Arrivés dans cette dernière ville , dénués de tous moyens , et craignant même de rentrer en France , ils essayèrent de s'adresser à l'envoyé de la république (1) au grand duc de Toscane , afin d'en obtenir des secours ; mais celui-ci ne pouvant faire que très-peu de ce qu'ils désiraient , engagea Lemot à se rendre à Paris pour y solliciter du gouvernement une pension capable de permettre aux malheureux élèves de l'académie d'achever leurs études en Italie. Malgré les dangers de toute espèce que présentait cette entreprise , Lemot n'hésite pas à se mettre en route , et il arrive à Paris au moment où s'organisait la réquisition des jeunes gens de 18 à 25 ans.

Enveloppé dans cette mesure , à peine Lemot eut-il le temps d'obtenir pour ses camarades l'avantage qu'il était

---

(1) François Cacault , ancien professeur de mathématiques à l'école militaire , ensuite secrétaire des commandemens de M. le maréchal d'Aubeterre , puis secrétaire d'ambassade à Naples. Au commencement de la révolution , il fut chargé d'affaires de France à Naples et à Gênes ; après l'assassinat de Basseville , il passa à l'ambassade de Rome , et parvint à conclure la paix avec le pape Pie VI. De Rome , il fut envoyé par le gouvernement à Florence , et nommé, en 1798 , député de la Loire inférieure au conseil des cinq-cents. Après le 18 brumaire , il fit partie du nouveau corps législatif , et fut bientôt envoyé à Rome en qualité d'ambassadeur ; il y resta deux ans , et fut remplacé , en 1803, par le cardinal Fesch , oncle de Bonaparte.

venu solliciter, et bientôt il fut obligé de partir pour l'armée que le général Pichegru commandait sur le Rhin. Il y prit du service dans l'arme de l'artillerie, et il était aux avant-postes de cette armée, quand, en 1795, lui arriva l'ordre du gouvernement de se rendre à Paris, afin de concourir à l'exécution d'une statue colossale en bronze, représentant le *peuple français*, sous la figure d'*Hercule*. Cette statue, qu'on avait le projet d'ériger sur le terre-plain du pont neuf, devait avoir cinquante pieds de proportion ; Lemot en fit le modèle en petit, qui fut adopté par un jury, mais des circonstances qui nous sont inconnues, s'opposèrent à ce que le monument fût exécuté (1). Le statuaire retira du moins de ce projet le

---

(1) L'érection de ce monument avait été proposée par le peintre David à la convention nationale, dans la séance du 7 novembre 1793.

« Que cette image, disait-il, imposante par son carac-
» tère de force et de simplicité, porte écrit en gros
» caractères, sur son front, *lumière ;* sur sa poitrine,
» *nature, vérité ;* sur ses bras, *force, courage !* que sur
» l'une de ses mains, les figures de la *Liberté* et de l'*Égalité*,
» serrées l'une contre l'autre, et prêtes à parcourir le
» monde, montrent à tous qu'elles ne reposent que sur
» le génie et la vertu du peuple ! que cette image du
» peuple *debout,* tienne dans son autre main cette massue
» terrible dont les anciens armaient leur Hercule ! C'est à
» nous à élever un tel monument ; les peuples qui ont
» aimé la liberté en ont élevé de semblables. »

Ce monument, dont le bronze devait être *fourni par la victoire,* fut décrété par la convention dans la séance du 17 novembre 1793, mais avec un léger changement. David voulait qu'on lût sur les bras de la statue les mots *force, courage ;* la convention décréta qu'on lirait sur les bras le mot *force,* et sur les mains le mot *travail.* La

précieux avantage de faire de l'art de la fonte une étude particulière, approfondie, et qui lui fut, plus tard, d'une très-grande utilité.

Sous le gouvernement du directoire, Lemot fut chargé de faire, pour la salle du conseil des cinq cents, le modèle en plâtre de la statue de *Numa Pompilius*, et, sous le consulat, il fit, pour la salle du tribunat, au palais-royal, une statue en marbre de *Cicéron*, au moment où le célèbre orateur, muni des preuves de la conspiration de Catilina, dévoile au sénat toutes les ramifications de cette odieuse trame. Cette belle statue avait sept pieds de proportion. Il fut encore chargé, sous le consulat, du modèle en plâtre d'une statue de *Léonidas aux Thermopyles*, pour la salle des délibérations du sénat conservateur, et fit, pour le vestibule du palais, un bas-relief en pierre de Liais, représentant deux *Renommées*, dont on admire le style et le dessin.

Sous le gouvernement impérial, il fit, pour la salle des séances du corps législatif, les modèles en plâtre des statues de *Lycurgue* et de *Brutus*, toutes deux de six pieds de proportion, et dans lesquelles les connaisseurs remarquèrent une singulière énergie de caractère, de la grandeur et de la correction dans le dessin, et des draperies d'un style excellent. Il fit encore pour la tribune du corps législatif un bas-relief allégorique, en marbre, d'une composition très-bien ordonnée. Le buste de la *Liberté*, posé sur un socle élevé, occupe le milieu de cette composition; au-dessous

---

déclaration des droits de l'homme, l'acte constitutionnel gravé sur l'airain, la médaille du 10 août et le décret de la convention devaient être déposés dans la massue. Tous les artistes de la république étaient appelés à concourir.

est un médaillon présentant l'image de *Janus* ; deux figures de femmes, de grandeur naturelle, la *Renommée* à droite, et l'*Histoire* à gauche, publient et transmettent aux siècles à venir les hauts faits de la république française ; enfin deux enseignes militaires, surmontées d'un coq aux ailes déployées, ornent le fond de ce bas-relief qui, tout à fait dans le goût du célèbre Jean Goujon, passe avec raison pour un des plus beaux morceaux de notre artiste.

La haute réputation que Lemot s'était acquise par ces différens ouvrages, lui fit ouvrir les portes de l'institut au commencement de l'année 1805. Il y remplaça M. Julien, statuaire d'une grande habileté, auteur des magnifiques statues de *La Fontaine* et du *Poussin* (1); il avait pour concurrens MM. Chaudet, Cartellier, Gois père, Boichot, Lecomte et autres artistes d'un vrai mérite. Après avoir obtenu, à deux scrutins successifs, le même nombre de suffrages, Lemot et M. Chaudet furent ballottés, et le sculpteur lyonnais l'emporta de cinq voix.

Dès l'année 1799, Lemot et M. Chaudet avaient été chargés par le gouvernement consulaire de l'exécution d'un *Char de la Victoire.* Ce monument devait être érigé sur la place des Victoires, à Paris, en remplacement de la statue pédestre de Louis XIV, renversée par suite du décret de l'assemblée nationale législative,

---

(1) Pierre Julien, né à St-Paulien, près du Puy en Velay, ne doit pas être considéré comme étranger à la ville de Lyon ; il y commença ses études dans la statuaire, sous le sculpteur Perrache, lequel l'envoya ensuite à Paris auprès de Guillaume Coustou, dont les excellens conseils achevèrent de le former.

en date du 14 août 1792 (1) ; mais différens motifs ayant fait préférer d'orner la place des Victoires de la statue colossale en bronze du général *Desaix* (2), tué à Marengo., le talent de Lemot fut seul employé pour le *Char* et pour les deux figures de la *Victoire* et de la *Paix* que l'on voulait ajouter aux quatre chevaux antiques du portail de l'église St-Marc, à Venise, montés sur l'arc de triomphe de la place du Carrousel. Ces trois morceaux, en plomb doré, et que la chute du gouvernement impérial a fait disparaître, furent mis en place vers la fin de l'année 1808.

Vers le milieu de l'année 1810, il termina l'immense bas-relief qui remplit le tympan du fronton du Louvre du côté de St-Germain l'Auxerrois. Ce magnifique ouvrage, qui fut, comme tout le monde le sait, désigné par le jury pour le grand prix décennal, offre 24 mètres de longueur sur 5 de hauteur. « Il représente les Muses, » dit le *Moniteur* de l'époque, célébrant la gloire du héros » protecteur des arts, et auquel ils doivent l'achèvement » du Louvre. Le buste colossal de l'empereur occupe la » partie supérieure du fronton ; il pose sur un cippe, » au pied duquel est assise la figure de la Victoire, te-

---

(1) Le *considérant* de ce décret est ainsi conçu :
« L'assemblée nationale, considérant que les principes sacrés » de la liberté et de l'égalité ne permettent point de laisser » plus long-temps sous les yeux du peuple français les » monumens élevés à l'orgueil, au préjugé et à la tyrannie ;
» Considérant que le bronze de ces monumens, converti » en canons, servira utilement à la défense de la patrie, » décrète qu'il y a urgence. »

(2) Cette statue était de M. Dejoux, et complètement nue ; le public de Paris en fut tellement choqué, qu'on ne tarda pas, du temps même de l'empire, de la faire descendre du piédestal sur lequel elle avait été placée.

» nant des palmes et des couronnes. De chaque côté sont
» les Muses partagées en deux groupes. Minerve les
» invite à célébrer ce nouveau bienfait et ce nouveau
» titre de gloire. A gauche du spectateur est Clio inscri-
» vant sur le cippe, avec le burin de l'histoire, le nom
» de Napoléon. Derrière elle, Melpomène et Calliope,
» se tenant par la main, semblent prendre part à l'action
» de Clio, tandis que Polymnie, enveloppée de son
» manteau, à la manière antique, médite sur cet heu-
» reux événement, et qu'Uranie indique du doigt, sur
» un globe céleste posé sur ses genoux, la constellation
» du lion, époque de la naissance de l'empereur. A
» droite du spectateur, Minerve, tournée vers l'autre
» groupe, est élevée sur un des degrés du cippe.
» Therpsicore et Euterpe obéissent à la déesse par des
» danses et des chants de reconnaissance et d'admira-
» tion. Erato, inspirée par l'Amour, son Génie parti-
» culier, fait résonner la lyre que Thalie écoute avec
» émotion. Les deux angles parallèles du fronton sont
» occupés par deux Génies, dont l'un tient un caducée,
» l'autre un flambeau, et tous deux une guirlande de
» fruits et de laurier, dont ils paraissent vouloir décorer
» le monument. »

Tous les connaisseurs sont d'accord sur la noblesse et
la simplicité de style qui règnent dans ce bas-relief, sur
le bon goût des ajustemens, sur la belle expression
des têtes, enfin sur l'élégance et le fini du travail,
mérite fort grand, mais qu'on ne peut guère appré-
cier à la distance de 3o mètres où l'ouvrage est placé.
A l'époque de la restauration, ce monument subit un
changement léger, et qui ne fit rien perdre au sens
que présentait le sujet du bas-relief. Le buste colossal
de Bonaparte fut transformé en celui de Louis XIV, et

le nom de *Napoléon* effacé du cippe. Quoiqu'on ne puisse refuser à Bonaparte la gloire d'avoir très-grandement protégé les arts, on ne peut nier non plus que les arts doivent encore davantage à la protection de Louis XIV. D'un autre côté, Bonaparte, à l'époque où fut fait le bas-relief, n'avait point *achevé* le Louvre ; il en avait seulement fait *regratter* la façade sur la place de St-Germain l'Auxerrois et celle sur le pont des arts, et fait continuer les ornemens et les sculptures des façades sur la cour. C'est sous le règne de Louis XIV qu'ont été construits les trois grands corps de bâtimens qui ferment le Louvre au nord, au midi et à l'est, et, à ce titre, le buste du grand roi méritait bien mieux que celui de Bonaparte de figurer sur le principal fronton de ce majestueux édifice.

Peu de temps après l'achèvement du fronton du Louvre, M. Chaudet, qui remplissait à l'école des beaux-arts de Paris la place de professeur de sculpture, vint à mourir, et, par décret impérial du 8 septembre 1810, Lemot lui fut donné pour successeur. Dans cette même année, l'académie de Lyon lui fit l'honneur de l'admettre au nombre de ses membres associés. En 1811, il fut chargé de faire la statue de *Murat ;* il le représenta dans le costume de *grand amiral*, et sut donner à la figure de ce guerrier, l'un des plus beaux hommes de l'époque, un caractère plein d'héroïsme et beaucoup de noblesse et d'élévation dans le maintien. Afin d'indiquer d'une manière positive la dignité de grand amiral dont Murat était revêtu, il imagina de donner à la garde de l'épée la forme d'une proue antique. Vers le même temps à peu près, Lemot eut à s'occuper des sculptures de l'arc de triomphe construit sur le pont de Châlons-sur-Marne, et qui, dans la campagne de 1814,

a été détruit par les armées russe et prussienne. Indé-
pendamment de tous les ouvrages dont il a été parlé
jusqu'ici, on lui doit encore le buste colossal du fameux
Jean Bart, qu'il fut chargé d'exécuter pour la ville de
Dunkerque, ainsi que le modèle en plâtre de la statue
du général *Corbinau*, aide-de-camp de Bonaparte, tué
à la bataille d'Iéna. Cette statue devait, avec celle de
quelques autres généraux français, servir à la décora-
tion du pont Louis XVI.

Après la chute du gouvernement impérial, et dès
l'arrivée à Paris de S. A. R. Monsieur, frère du roi,
la garde nationale parisienne avait exprimé le vœu de
voir rétablir sur le pont neuf la statue équestre en
bronze de *Henri IV*. En conséquence, le conseil municipal de la ville de Paris, dans ses séances des 18,
22 et 23 avril 1814, délibéra et arrêta que la statue de
ce bon prince serait rétablie sur le terre-plain du pont
neuf, et que, pour subvenir à la dépense, il serait
ouvert une souscription dans toute l'étendue du royaume.
Cet arrêté fut soumis à S. A. R. Monsieur, qui daigna
y donner son approbation, et sur-le-champ se forma
un comité composé des hommes les plus recommandables
de la capitale. Ce comité, présidé par M. le marquis de
Barbé Marbois, et dont M. de la Salle, préfet de la
Haute-Marne, fut d'abord le secrétaire, s'empressa de
choisir Lemot pour l'exécution de la statue. Le devis que
présenta celui-ci fut soumis à la classe des beaux-arts par
l'intermédiaire de M. Suard, et la classe, en approuvant
tous les articles de ce devis, donna pareillement son approbation au choix que le comité avait fait de l'artiste (1).

---

(1) Le rapporteur de la commission nommée par la classe
des beaux-arts de l'institut, s'exprime ainsi :

Le marché entre Lemot et le comité , fut donc passé le 3 janvier 1815 , au prix de 337,870 fr. , et , dans le courant du même mois , le statuaire avait achevé son petit modèle en terre et l'avait fait mouler en plâtre. M. Quatremère de Quincy , secrétaire perpétuel de l'académie des beaux-arts , M. Dufourny , professeur d'architecture , et M. Perignon , avocat à la cour royale de Paris , tous trois membres du comité , et chargés par lui de suivre les travaux de la statue , furent invités à voir le travail de l'artiste , et en rendirent au comité le compte le plus favorable (1). Au mois d'avril 1816 ,

---

« Votre commission a pensé unanimement , dit-il , et » la classe pensera sûrement de même , que le comité en » choisissant M. Lemot pour l'érection de ce monument , » a fait un excellent choix ; que le même comité a encore » montré des lumières et du goût en abandonnant au sta- » tuaire l'entière direction de la fonte , de la ciselure , des » réparages et montures , enfin de tous les travaux qui » concourent à l'érection du monument , y compris les » bas-reliefs et ornemens , et les dimensions du piédestal » qui doivent être en harmonie avec les proportions de » la statue équestre. »

(1) » Nous avons reconnu , disent-ils dans leur rapport , » que le modèle en petit de la statue équestre se trouve » dans ce moment ajusté , réparé et entièrement terminé. » Sa proportion est de trois pieds sept pouces de hauteur » environ ; ce qui forme le quart de la grandeur que le » tout doit avoir dans l'exécution. »

Après différens éloges donnés au cheval et au cavalier, les rapporteurs terminent ainsi :

» L'ensemble de ce modèle nous a paru digne des ta- » lens de l'artiste auquel le comité en a confié l'exécu- » tion , et propre à répondre aux intentions des sous- » cripteurs et aux vœux de la France. »

le grand modèle en plâtre de la statue était terminé (1) , et le 5 septembre suivant , avant qu'il fût livré à M. Piggiani , mouleur et fondeur , LL. AA. RR. Madame , duchesse d'Angoulême , Monsieur , frère du roi , et Mgr. le duc d'Angoulême , arrivèrent à une heure après-midi dans l'enclos de l'ancienne *foire de St-Laurent* , où était situé l'atelier de Lemot , afin de voir l'ouvrage. LL. AA. RR. en témoignèrent à l'auteur toute leur satisfaction , et les opérations préliminaires de la fonte dans l'atelier du *Roule* , commencèrent le 18 mars 1817.

L'entière opération de la fonte avait été fixée au commencement d'octobre. Le 6 de ce mois· , à 5 heures 13 minutes du soir , M. Piggiani , en présence de LL. AA. RR. madame la duchesse d'Angoulême et madame la duchesse de Berry , de M. le comte de Chabrol , préfet de la Seine , de M. le comte Anglès , préfet de police , de MM. les membres du comité , et de quantité d'autres spectateurs , déboucha l'ouverture du fourneau , et le métal enflammé , s'élançant dans l'écheno , se répandit dans toutes les parties du moule. Des acclamations , des applaudissemens , auxquels se mêlait l'air chéri de *Vive Henri IV* , exécuté par la musique de la légion du Pas de Calais , s'élevèrent alors de toutes parts , et Lemot fut comblé des félicitations de la brillante assemblée.

---

(1) Pendant les cent jours , Lemot ne cessa pas un instant de travailler au grand modèle de la statue. Il est encore à remarquer que , sur la proposition de M. le comte de Bondi , alors préfet du département de la Seine , le ministre Carnot fit payer à l'artiste une somme de 21,870 f. qui lui étaient dus pour les travaux en plâtre du petit et du grand modèle du cheval.

Le 28 octobre, à midi et demi, Sa Majesté partit, avec tout son cortége, du château de Tuileries, et vint sur le pont neuf poser la première pierre du piédestal de la statue. Cette cérémonie, dans laquelle Lemot eut l'honneur d'être présenté au roi, par M. le comte Lainé, ministre de l'intérieur, dura près de deux heures. Le 13 mars 1818, la statue fut extraite de la fosse, et M. Mesnel, monteur et ciseleur, s'occupa sur-le-champ de la ciselure de l'ouvrage, laquelle ne fut achevée qu'à la fin de juin. Le 13 août, à 10 heures du matin, la statue, couverte d'une toile bleue fleurdelisée, et placée dans une forte charpente, partit de l'atelier du Roule, pour venir sur le pont neuf. On y avait attelé dix-huit paires de bœufs, et cependant, à six heures du soir, l'énorme fardeau, qu'on évaluait à quarante milliers, n'avait pas dépassé l'extrémité de l'avenue de Marigny, aux champs élysées. Après mille efforts pour tourner l'avenue de Neuilly et se placer au milieu de la chaussée, les spectateurs, qui s'impatientaient de tant de retardemens, demandèrent à grands cris qu'on attachât des cordes aux poutres du traîneau. La multitude s'empare alors de ces cordes, on dételle les bœufs, et la masse, en moins d'une demi-heure, est arrivée sous les fenêtres du pavillon de *Flore*, aux Tuileries. Cette scène intéressante a été rendue avec une extrême vérité par le crayon spirituel de nos lithographes parisiens.

Le même soir, la statue continua sa route aux cris répétés de *Vive le roi! vive la famille royale!* elle s'arrêta en face du pont des arts, et elle y demeura jusqu'au 17. Dès les deux heures du matin, on se mit en devoir de la transporter sur le pont neuf, et vers les six heures, au moyen d'un attelage de soixante chevaux de marine, elle arriva en face du terre-plain. Le jeudi 20, la statue fut placée sur son piédestal par M. Guillaume, un des maîtres charpentiers de Paris les plus habiles, et le 25, jour de la fête du roi, le monument fut inauguré. Dans cette cérémonie, l'une des plus belles dont nous ayons été témoin dans la capitale, Sa Majesté parut en habit de maréchal de France, et S. A. R. Monsieur en habit de colonel général de la garde nationale.

L'ouvrage que Lemot venait de livrer aux regards du public ne manqua pas d'être l'objet de plusieurs critiques; les plus fortes, et l'on peut dire aussi les plus déraisonnables furent celles qu'essuya le cheval. On trouva que l'artiste n'avait pas donné des formes assez fines à l'animal, sans examiner que le cavalier, couvert de fer de la tête aux pieds, monte un robuste cheval de bataille, et non point un de ces coursiers agiles propres à courre le cerf dans les forêts de St-Germain ou de Fontainebleau. Il existe encore des gravures assez fidèles de l'ancienne statue équestre de Henri IV. Le cheval, comme chacun le sait, était l'ouvrage de Jean de Bologne, et la figure du roi, long-temps attribuée à Guillaume Dupré, mais qui, d'après les justes observations de M. Lafolie, paraît vraiment être de Pierre Tacca, lui a toujours été préférée. Si les critiques de Lemot eussent eu connaissance de ces gravures, il n'y a pas de doute qu'ils auraient gardé le silence; je crois même qu'ils se seraient empressés de convenir que Jean de Bologne, tout élève qu'il était du grand Michel-Ange, avait fait beaucoup moins bien. Quant aux deux bas-reliefs en bronze, qui devaient décorer les côtés du piédestal faisant face au quai de l'école et à celui de la monnaie, et qui ne furent mis en place qu'après l'achèvement du revêtement en marbre du massif en pierre, on sait que l'un représente *Henri IV laissant entrer des vivres dans Paris*

dont il faisait le siége, l'autre son *entrée dans la Ca-*
pitale. Ces deux morceaux, très-bien exécutés, ont
chacun 9 pieds 6 pouces de longueur, sur 4 pieds de
hauteur; ils ont été fondus d'un seul jet, et le marché
en fut passé avec Lemot, le 5 juin 1816, au prix de
40,000 fr. Les quatre bas-reliefs en bronze que fit
Pierre Franqueville pour le piédestal de l'ancienne
statue, représentaient le *combat d'Arques*, la *bataille*
d'Ivry, la *réduction de Paris*, et la *prise d'Amiens*;
ils sont conservés au musée.

En 1819, M. le comte de Lézai-Marnésia étant
préfet du Rhône, le conseil général du département,
par une délibération du 20 août, arrêta que le projet
d'une statue équestre en bronze, à ériger sur la place
Bellecour en l'honneur de *Louis XIV*, et en remplacement de l'ancienne statue de ce grand prince, renversée
dans la révolution, serait exécuté. Le 28 novembre le
conseil municipal se joignit au conseil général; un
concours fut ouvert, et des nombreux concurrens qui se
présentèrent, parmi lesquels on distinguait M. Bosio,
membre de l'institut, l'un de nos premiers statuaires,
Lemot, en sa qualité de Lyonnais, fut celui qui obtint
une juste préférence. Un traité fut donc passé avec lui
le 17 avril 1820, au prix de 373,750 fr.

La pose de la première pierre du piédestal eut lieu le
1.er mai 1821, jour du baptême de S. A. R. Mgr. le duc
de Bordeaux. Dans cette brillante cérémonie, S. Ex. le
maréchal duc de Bellune, pair de France, fut chargé
de représenter S. A. R. Mgr. le duc d'Angoulême. Le
maréchal était accompagné de M. le comte de Lézai-
Marnézia, préfet du département, de M. le général
comte Maurice-Mathieu de la Redorte, de M. le général

baron d'Ordonneau , de M. le général marquis de Cler-
mont-Tonnerre ; enfin de MM. les membres des corps
administratifs, civils et judicïaires de Lyon.

Le grand modèle de la statue était terminé en 1823,
et peu de temps après elle fut coulée en bronze. M. le
comte de Fortis , membre de l'académie de Lyon , qui
habite maintenant la capitale , et qui assistait à l'opération , rendit compte de son succès dans le *Moniteur*.
Après que la statue eut été déterrée , et quand le ciseleur
eut fini son ouvrage , Sa Majesté le roi de Prusse, qui
était venu passer quelques jours à Paris , prit la peine
de se transporter à l'atelier du Roule. Frappé de la per-
fection du travail de Lemot , ce prince ne put s'empêcher
de lui dire : *Quand on a fait un si bel ouvrage , on coule
sa réputation en bronze*. Vers le milieu de 1825 , un
marché fut passé avec M. Ghéfaldy , au prix de 37,000 f.,
pour le transport par terre de la statue et pour sa pose
sur le piédestal ; les ferrures et le charronnage du *fardier* furent confiés à l'habileté de M. Aguettant, charron
à l'*Homme de la Roche* , et les deux essieux en fer ,
pesant dix-sept quintaux chacun , furent l'ouvrage de
M. Bévillard , serrurier à la Guillotière.

Le *fardier* parti de Lyon dans le mois de septembre ,
fut bientôt arrivé à Paris. Après avoir été examiné par le
conseil des ponts et chaussées , on se hâta d'y charger la
statue , et le 2 octobre 1825 , il sortit de la capitale par
la barrière du trône , attelé de vingt chevaux. Le trajet
de Paris à Lyon fut de treize jours seulement ; douze
chevaux furent ajoutés à l'équipage pour franchir la mon-
tagne de Limonest , et le 15 octobre , à deux heures
après-midi , la statue de Louis-le-Grand , au-devant de
laquelle s'était portée une bonne partie de la population

de Lyon et des campagnes voisines, arrivait majestueusement sur la place Bellecour (1).

Posée sur son piédestal, la statue devait être inaugurée le 4 novembre, jour de la fête de S. Charles ; mais le mauvais temps fit renvoyer au dimanche suivant cette cérémonie, laquelle eut lieu après le service divin, en présence de M. le commissaire du roi, de MM. les

---

(1) Le conseil des bâtimens civils était d'avis de faire transporter la statue par la Seine jusqu'au Hâvre ; par la mer, du Hâvre jusqu'aux bouches du Rhône, et de là par le Rhône jusqu'à Lyon. M. le comte de Tournon, président du conseil, fut d'une autre opinion ; il proposa à S. Exc le ministre de l'intérieur de placer la statue sur un chariot où elle resterait pendant tout le voyage, de la conduire ainsi de la fonderie jusqu'à la Seine, et de l'y embarquer pour remonter jusqu'à Auxerre, de la débarquer en cette ville et de la conduire par terre jusqu'à Châlons-sur-Saône, de la rembarquer à Châlons et de la faire descendre par la Saône jusqu'à Lyon. L'opinion de M. le comte de Tournon fut adoptée par le conseil général des ponts et chaussées, et nous ignorons quelles raisons firent renoncer à ce projet de transporter la statue, tantôt par eau, tantôt par terre. Il est probable que M. Ghéfaldy, parfaitement sûr de la solidité de son *fardier*, a fait sentir tous les inconvéniens qui pouvaient résulter du *débarquement* et du *rembarquement* de la statue, et qu'alors on s'est décidé pour la voie de terre, que personne d'abord ne conseillait ni n'approuvait. Quoi qu'il en soit, M. Ghéfaldy, dans l'entreprise hardie dont il s'est chargé, a donné la preuve d'une intelligence peu commune, et le succès qu'il a eu le bonheur d'y obtenir, est un fait qui mérite de rester dans la mémoire de tous les gens instruits. Puisse-t-il recevoir un jour quelqu'une de ces récompenses honorables auxquelles un grand zèle, joint à beaucoup d'intelligence, a de légitimes prétentions !

membres de la commission, des autorités civiles et militaires, de toutes les troupes de la garnison et d'un concours immense de spectateurs (1).

Le vendredi 11 novembre, MM. les artistes du palais St-Pierre, ayant à leur tête M. Artaud, directeur du musée de Lyon, et M. Revoil, professeur à l'école de peinture, se réunirent à l'hôtel de Provence pour y fêter l'auteur de la statue. Le banquet, auquel avaient été invités plusieurs architectes distingués de la ville, présenta la gaîté la plus vive et la plus aimable. De fort jolis couplets furent chantés par MM. Guindran et Thiériat, et des scènes bouffonnes, où quelques-uns des convives firent ingénieusement entrer l'éloge de Lemot et de son magnifique ouvrage, imprimèrent à cette réunion un caractère d'originalité aussi spirituel qu'amusant. La veille, au soir, une sérénade, exécutée par la musique des deux régimens de la garnison, avait eu lieu sous les fenêtres de Lemot, à l'hôtel des ambassadeurs. L'heureux statuaire quitta ensuite cette ville aussi satisfait de lui que de l'accueil de ses compatriotes.

La statue équestre de Louis XIV, qu'on voyait jadis

---

(1) Le jour même de la cérémonie, M. James, receveur des contributions, parent et ami du baron Lemot, fit paraître une ode sur le rétablissement et l'inauguration de la statue équestre de Louis XIV, où l'on trouve cette strophe :

Louis revit, est-ce un prodige ?
Non, des beaux-arts c'est un prestige
Qu'on croirait un effet du céleste pouvoir.
Ce sont eux qui nous font revoir
Ce roi, protecteur de leur gloire :
Aux lettres, aux talens, la France a vu, par lui,
S'ouvrir le temple de Mémoire ;
Le Génie, à son tour, l'y replace aujourd'hui.

à Lyon sur la place Bellecour , était l'ouvrage de Martin Desjardins , sculpteur hollandais , auteur de la statue pédestre érigée autrefois à ce grand prince par le maréchal de la Feuillade , sur la place des Victoires , à Paris. Ces deux morceaux , empreints de noblesse et de grandeur , se distinguaient encore par une foule de détails d'un fini remarquable ; mais le goût qui régnait dans les arts , du temps de Martin Desjardins , est tellement éloigné de la sévérité du goût actuel , qu'il serait inconvenant d'établir le moindre parallèle entre l'ancienne statue de Louis XIV et celle que nous devons à Lemot.

Nous n'avons jamais fait le voyage de Rome , et par conséquent nous n'avons pas vu la statue équestre de Marc-Aurèle , placée sur un piédestal dans la cour du Capitole ; mais nous la connaissons par les gravures qu'on en trouve dans les beaux recueils de Rossi et de Perrier , et l'italien Milizia , dans son traité sur *l'art de voir dans les beaux-arts* , n'a pas oublié d'en parler. On sait que ce superbe monument ne pouvait lasser l'admiration du célèbre Piétre de Cortone ; le cheval surtout est peut-être le morceau le plus expressif qu'ait produit la sculpture ancienne : eh bien , nous croyons fermement que Lemot y pensait en faisant le sien , et tous les connaisseurs avoueront , sans hésiter , que l'ouvrage du sculpteur lyonnais présente autant de vie que celui du sculpteur romain. Nous osons aller plus loin : sous le rapport de la noblesse , de l'élégance et de la correction du dessin , ils trouveront qu'il lui est de beaucoup supérieur. Certains critiques ont reproché à la tête du cheval de Marc-Aurèle d'avoir quelque chose de celle du bœuf. *Tant mieux* , dit Milizia , *c'est ainsi qu'elle doit être , c'est ainsi qu'elle est dans le cheval arabe , le plus noble et le plus beau des chevaux* , et la tête du cheval de Lemot offre précisément ce même caractère.

A l'égard de la figure du roi, elle est en tout pleine de noblesse et de majesté ; mais le corps ne manque-t-il pas un peu de souplesse ? les cuisses ne pouvaient-elles pas être un peu plus allongées, et par conséquent descendre plus mollement ? Le costume d'empereur romain employé par les peintres et par les statuaires, pour les grands personnages des temps modernes, est un costume convenu, comme prêtant plus qu'un autre au style élevé auquel les artistes s'efforcent d'atteindre. Cependant plusieurs personnes auraient voulu que Louis XIV eût été représenté avec le costume de son siècle, et quelques autres, médiocrement satisfaites de la belle et longue chevelure, à boucles ondoyantes, que lui a donné Lemot, ont amèrement regretté son *énorme perruque.* Il est des gens qui veulent absolument avoir un avis, et qui pensent que tout est dit avec un j'*aimerais mieux ;* il est bon de leur apprendre que ce n'est point pour eux que Lemot a travaillé, mais pour les esprits justes, pour les personnes de bon goût et qui possèdent le sentiment des convenances (1).

Les attiques immenses des façades de la place Bellecour devaient être décorés chacun d'un grand bas-relief de sa composition et de celle de M. Percier (2). Les modèles

---

(1) Nous venons d'apprendre que M. le comte de Fortis se propose de publier sur ce beau monument un grand ouvrage dans le genre de ceux de Boffrand, Mariette, Patte, Lafolie, etc., sur les statues équestres ; on y trouvera, dit-on, des rapprochemens d'un grand intérêt pour la statuaire et ses progrès en France.

(2) Le sujet en était fort ingénieux, et nous en transcrivons ici la description, telle qu'elle existe dans les cartons du secrétariat de la mairie de Lyon. Chaque bas-

en plâtre en avaient été envoyés de Paris, et des ouvriers, venus exprès de la capitale, commençaient déjà le travail, lorsqu'on s'aperçut que le massif en pierre manquait de profondeur. L'ouvrage fut donc abandonné ; et pour indemniser en quelque sorte les ouvriers de leur voyage, la ville prit le parti de les employer à ces figures de *Mercure* et de *Minerve* qu'on voit au-dessus du portail du palais St-Pierre, et qui ont été l'objet de tant de critiques. Le grand fronton de l'hôtel de ville, dans

---

relief représentait « le Génie du commerce et celui des » arts entourant l'écusson de France d'une guirlande de » lauriers ; à leurs pieds des lions, symboles de la ville, » tenaient des épées nues, marques distinctives du cou- » rage et du dévouement des Lyonnais pendant le siége » de 1793. Les figures du Rhône et de la Saône, appuyées » sur leurs urnes, et tenant les attributs qui caractérisent » leur navigation et la fertilité qu'ils répandent sur la » ville, regardaient avec satisfaction les fleurs de lis. » Divers emblêmes, placés au milieu des guirlandes, » indiquaient l'aptitude des Lyonnais au commerce, aux » arts et à la guerre. Dans les deux côtés de l'attique, » enfermés par des pilastres, étaient, à droite, une tête » de lion, surmontée d'une couronne murale et entourée » d'une guirlande ; à gauche, un caducée au milieu de » deux cornes d'abondance. » Les figures du *Rhône* et de la *Saône* devaient avoir 16 pieds de proportion. Nous rappelerons ici que M. Epinat, un des bons artistes de notre ville, s'était occupé, dans le temps, d'imaginer quelque chose pour les attiques des façades de la place Bellecour ; il proposait de représenter, sur l'un, la *fondation de Lyon par Lucius-Munatius Plancus*, et sur l'autre, le *passage du Rhône par Annibal*. Ces deux compositions, dont M. Epinat nous a montré les dessins, nous ont paru fort bien entendues.

lequel Chabry le père avait jadis sculpté un très-beau *Louis XIV à cheval*, et que, pendant la révolution, le statuaire Chinard avait orné des figures de la *Liberté* et de l'*Égalité*, devait être également restauré par Lemot. On avait résolu d'abord d'y placer le *Duc de Bordeaux présenté à la France par S. Louis*; mais cette idée a été abandonnée, et l'on s'est décidé pour un *Henri IV à cheval*, dont l'exécution est confiée à M. Legendre-Héral. Nous en avons vu le modèle en petit dans l'atelier de ce jeune et intéressant artiste; il nous a paru très-bien conçu, et nous faisons des vœux pour qu'il n'y soit rien changé. La *Présentation du duc de Bordeaux à la France par St. Louis*, sera, dit-on, le sujet d'un tableau commandé par le conseil municipal, et qui devra décorer le lieu de ses séances.

Lemot est encore auteur de plusieurs autres ouvrages très-remarquables. Il existe dans son atelier deux statues en marbre, demi-nature, qui firent partie de l'exposition de l'année 1812, et dont tous les journaux de l'époque se plurent à faire l'éloge. La première est une *Hebé versant le nectar à Jupiter transformé en aigle*; la figure d'Hébé présente beaucoup de noblesse et de grâce, et l'aigle est du plus beau caractère. La seconde est une *femme couchée et plongée dans une douce rêverie*, et qui rappelle la figure antique, connue improprement sous le nom de *Cléopatre*. Il existe encore dans son atelier une statue colossale d'*Apollon*, en marbre, et qui n'est pas entièrement terminée; enfin il a fait pour la chapelle expiatoire construite à Paris dans la prison de la conciergerie, l'esquisse entière d'un groupe de la *Religion* et de la reine de France *Marie-Antoinette*. A la tête des élèves qu'il a formés, il faut placer l'habile Charles Dupaty, auteur de la belle statue d'*Ajax*, qui avait été chargé de la statue équestre en marbre de *Louis XIII*, pour la place royale, à Paris, et que la mort a frappé peu de temps avant son maître.

Tourmenté depuis plusieurs années par une douloureuse maladie de vessie à laquelle était venue se joindre un abcès au dos, résultat d'une chute qu'il avait faite au moment de la pose de la statue d'Henri IV, et qu'il avait malheureusement jugée peu digne d'attention, le baron Lemot, officier de l'ordre royal de la légion d'honneur, et chevalier de l'ordre royal de St-Michel, est mort à Paris, dans son hôtel, rue du Regard, le 6 mai 1827, âgé seulement de 55 ans, 6 mois, 2 jours. Ses obsèques, auxquelles assistait une nombreuse députation de l'institut royal de France, ont eu lieu le 11, dans l'église St-Sulpice, sa paroisse; M. Quatremère de Quincy, secrétaire perpétuel de l'académie des beaux-arts, y a prononcé un discours plein d'intérêt, où l'on distingue le passage suivant:

« Vous trouverez bon, je l'espère, dit l'orateur à
» son auditoire, qu'en ce lieu, et dans un tel moment,
» je n'allonge pas l'énumération de tous les titres que les
» talens de M. Lemot lui ont acquis à vos suffrages et à
» ceux des âges futurs. Quelque raccourci que soit cet
» exposé, je me reproche presque déjà de vous en avoir
» trop occupés au préjudice de tant d'autres sujets
» d'éloges, peut-être plus convenables au triste senti
» ment qui rassemble ici ses amis.

» N'auraient-ils pas préféré que je m'étendisse davan-
» tage sur la louange des excellentes qualités qui nous
» le rendaient si cher, de toutes ces vertus, de tous
» ces dons précieux de la raison, de l'esprit et du
» cœur, qui sans doute contribuèrent à l'heureux dé-
» veloppement des facultés de l'artiste, mais qui devaient

» faire de lui, et en firent réellement, dans toutes les
» situations de la vie, dans toutes les positions so-
» ciales où il put se trouver, dans tous les rapports
» où le placèrent, soit les devoirs publics, soit les
» relations privées, une sorte de modèle où semblait se
» réunir un ensemble de mérites si rares à rencontrer
» partiellement; je veux dire un sens généralement droit,
» un jugement sûr, un caractère égal, un sentiment par-
» fait des convenances, une grande égalité d'humeur, de
» la constance en amitié, de l'estime pour tout ce qui
» est honnête et bon, des sentimens élevés, des mœurs
» simples, de l'ambition sans intrigue, de l'émulation
» sans envie, le désir de la gloire accompagné de mo-
» destie, de la noblesse avec affabilité, de la douceur
» par nature, de la fermeté par principe. Ai-je dit
» quelque chose, Messieurs, que vous ne l'ayez dit
» avant moi, et mieux que moi ? et certes, je vous
» en laisse beaucoup à dire pour achever cette énumé-
» ration.

Au discours de M. Quatremère de Quincy a succédé celui deM. le chevalier Cartellier, membre de l'académie royale des beaux-arts, dans lequel l'auteur esquisse en quelques lignes la vie du baron Lemot. « La statue d'Henri IV,
» dit-il, de ce roi si cher aux Français, et celle de
» Louis-le-Grand, protecteur des beaux-arts, destinée
» à la ville de Lyon, avaient mis le sceau à sa répu-
» tation ; il se voyait jeune encore comblé d'honneurs :
» la fortune ne lui avait point été infidèle ; doué d'un
» caractère ferme, franc et généreux, d'une constitution
» robuste, rien ne put empêcher une maladie longue
» et douloureuse de venir mettre le terme à toutes ses
« félicités. »

Immédiatement après la cérémonie, la dépouille mortelle du baron Lemot se mit en route pour le beau chateau de Clisson, dont il était le propriétaire depuis plusieurs années, et qu'il avait désigné pour le lieu de sa sépulture. Aussitôt que les journaux de Paris eurent fait connaître le fâcheux événement qui privait la France et les arts de cet homme si distingué, toutes les feuilles publiques de Lyon s'empressèrent de l'annoncer, et le *Journal du commerce*, du 13 mai 1827, inséra dans l'une de ses colonnes l'*impromptu* suivant, attribué à M. Coignet :

> La Parque aussi méconnaît le génie ;
> Lemot vient de subir la rigueur de ses lois :
> Pourquoi faut-il qu'il ait perdu la vie ,
> Quand son ciseau la donna tant de fois ?

Le *Journal de l'académie provinciale*, du 22 mai, fit aussi paraître les vers suivans sur la mort du baron Lemot, et qui sont de M. James, son parent et son ami :

> O regrets ! il n'est plus celui dont l'art divin
> A nos yeux animait et le marbre et l'airain !
> De palmes couronné , jeune encor il succombe ;
> Le Phidias français , Lemot est dans la tombe :
> Des Vandales nouveaux il répara le tort ,
> Fit revivre un héros et rencontra la mort.
> Avec quelle magie , en son dernier ouvrage ,
> Il rendit au grand roi sa grâce et sa fierté ,
> Ses traits méditatifs , son tranquille courage ,
> Son auguste candeur , sa douce majesté !
> Ton génie , au-dessus de ma faible louange ,
> L'a saisi , cher Lemot , dans l'été de ses ans ,
> Dominant , éclipsant ses nombreux courtisans ,
> Beau de son propre éclat , sans ombre et sans mélange ,
> Et tu fus , par son siècle , au nôtre réservé ,
> Pour l'offrir plus parfait , par tes mains relevé.
> De son règne et de lui si ton chef-d'œuvre est digne ,
> Ce triomphe est par nous payé de trop de pleurs ,

> Puisqu'il était , hélas ! le dernier chant du cygne ;
> Il a comblé ta gloire ainsi que nos douleurs ;
> Ton nom est immortel : par toi Louis respire ;
> Mais l'ami , mais l'époux , le père tendre expire.

Le baron Lemot n'était pas seulement un habile statuaire ; plein d'esprit et d'instruction , il possédait encore le talent d'écrire avec infiniment de goût et de facilité. Sa correspondance , à en juger par un grand nombre de lettres adressées à M. Ghéfaldy , et que cet estimable architecte , auquel il portait un véritable intérêt , a bien voulu nous communiquer , présente beaucoup de naturel et toute la politesse de l'homme du monde ; mais un ouvrage assez peu connu , qu'il publia sous le voile de l'anonyme en 1817 , et qui prouve encore bien mieux ce que nous avançons , c'est la notice sur *la ville et le château de Clisson* , imprimée à Paris chez Pierre Didot aîné , et faisant suite au *Voyage pittoresque dans le bocage de la Vendée*. Ce voyage pittoresque , ou vues de Clisson et de ses environs, dessinées d'après nature par C. Thiénon, peintre , et gravées à l'*aqua-tinta* , par Piringer , mériterait , à cause du nom de Lemot , de trouver place à la bibliothèque de la ville de Lyon.

Dans le très-court espace de sa vie , le baron Lemot avait été marié trois fois. Sa première femme fut une sœur du peintre Isabey ; la seconde une demoiselle Pécoul , veuve de M⁰. Hubert , architecte , et bellesœur du peintre David (1). Il n'avait pas eu d'enfans

---

(1) Feu M. Pécoul , un des plus riches entrepreneurs de Paris , et qui a bâti plusieurs des belles barrières de la capitale , avait encore marié une de ses filles à notre compatriote Seriziat , avocat à Paris , frère des deux généraux de ce nom , dont les Lyonnais gardent un honorable souvenir.

de l'une ni de l'autre ; mais il laisse de sa troisième femme, Mademoiselle Jacquinet, une fille, âgée de 17 à 18 ans, portant les noms de Pauline-Zéphirine, et un fils, âgé de 14 à 15 ans, nommé Frédéric. Espérons que ce fils, dans la carrière qu'il embrassera un jour, soutiendra la brillante la réputation de son père.

La veille de la mort du baron Lemot, une ordonnance de Sa Majesté avait érigé en majorat sa belle terre de Clisson. Peu de personnes ignorent que c'est le statuaire Pradier, auteur du beau mausolée élevé au duc de Berry par la ville de Versailles, qui lui a succédé à l'institut le 23 juin 1827. On demandait dernièrement que le nom de Lemot fût donné à l'une des rues projetées dans le nouveau quartier Perrache : ne conviendrait-il pas mieux de le donner à la rue *Noire*, dans laquelle est né cet homme illustre à tant de titres (1)?

Z.

---

(1) La *Gazette universelle* de Lyon, dans son n.º du 29 juillet 1827, proposait de placer une inscription sur la maison dans laquelle Lemot est venu au monde. Cette proposition ne détruit pas la nôtre, et nous pensons de plus que l'inscription doit être fort simple ; celle-ci, par exemple, suffirait :

FRANÇOIS-FRÉDÉRIC LEMOT,

CÉLÈBRE STATUAIRE,

EST NÉ DANS CETTE MAISON

LE 4 NOVEMBRE 1771.

www.ingramcontent.com/pod-product-compliance
Lightning Source LLC
Chambersburg PA
CBHW051354060726
47596CB00005B/1910